T/CAGHP 047—2018

目　次

前言 ·· Ⅲ
引言 ·· Ⅳ
1　范围 ··· 1
2　规范性引用文件 ··· 1
3　术语 ··· 1
4　基本要求 ·· 2
　4.1　档案管理 ··· 2
　4.2　履行职责 ··· 3
5　归档文件 ·· 3
　5.1　纸质文件 ··· 3
　5.2　电子文件 ··· 3
　5.3　信息化成果文件 ··· 3
6　归档范围及质量要求 ·· 3
　6.1　归档范围 ··· 3
　6.2　归档文件质量要求 ·· 4
7　立卷要求 ·· 9
　7.1　立卷原则 ··· 9
　7.2　立卷要求 ··· 9
　7.3　卷内文件排列 ··· 9
　7.4　卷内文件制印 ··· 10
　7.5　案卷编目 ··· 10
　7.6　卷内备考表 ·· 11
　7.7　案卷封面 ··· 11
　7.8　案卷装订 ··· 11
　7.9　卷盒、卷夹与案卷脊背 ·· 12
　7.10　档号编制要求 ·· 12
8　文件归档 ·· 13
　8.1　归档要求 ··· 13
　8.2　归档程序 ··· 13
　8.3　归档分类 ··· 13
9　档案验收 ·· 13
　9.1　档案验收程序 ··· 13
　9.2　验收准备材料 ··· 13
　9.3　档案验收基本内容 ·· 14
　9.4　电子文件（信息化成果）的验收 ·· 14

Ⅰ

10 档案汇交 ·· 15
  10.1 汇交程序 ·· 15
  10.2 汇交时间 ·· 15
  10.3 汇交办法 ·· 15
附录 A（资料性附录） 专业监测文件归档（含信息化录入）范围和保管部门对照表 ············ 16
附录 B（资料性附录） 群测群防文件归档（含信息化录入）范围和保管部门对照表 ············ 20
附录 C（资料性附录） 监测项目竣工图章式样 ·· 23
附录 D（资料性附录） 监测项目电子文件登记表式样 ·· 24
附录 E（资料性附录） 监测项目电子文件载体外标签表式样 ··· 27
附录 F（资料性附录） 监测项目电子文件建夹存档组织示例 ··· 29
附录 G（资料性附录） 监测项目归档文件档号章格式式样 ··· 30
附录 H（资料性附录） 监测项目文件归档件内文件目录式样 ··· 31
附录 I（资料性附录） 监测项目文件归档卷内目录式样 ·· 32
附录 J（资料性附录） 监测项目文件归档案卷目录式样 ·· 33
附录 K（资料性附录） 监测项目文件归档卷内备考表式样 ··· 34
附录 L（资料性附录） 监测项目文件归档案卷盒、案卷内封面式样 ······································· 35
附录 M（资料性附录） 监测项目文件归档装订（三孔一线）式样 ··· 36
附录 N（资料性附录） 监测项目文件归档案卷盒脊背式样 ··· 37
附录 O（资料性附录） 监测文件归档档案基础编码表及档案号编制式样 ······························· 38
附录 P（资料性附录） 监测项目成果资料档案统计表 ·· 40
附录 Q（资料性附录） 监测项目成果资料档案汇交案卷明细册式样 ······································ 41
附录 R（资料性附录） 监测项目建设成果资料归档自验、检查验收鉴定表式样 ····················· 42
附录 S（资料性附录） 监测项目成果资料归档汇交申请式样 ··· 54
附录 T（资料性附录） 监测项目成果资料归档汇交回执单式样 ··· 55
附录 U（资料性附录） 监测项目文件归档档案移交书式样 ··· 56

前 言

本标准按照 GB/T 1.1—2009《标准化工作导则 第 1 部分：标准的结构和编写》给出的规则起草。

本标准由中国地质灾害防治工程行业协会提出并归口。

本标准起草单位：中国地质调查局武汉地质调查中心、陕西省地质环境监测总站、三峡大学、重庆市地质灾害防治中心、湖北省地质灾害防治中心、中国地质科学院探矿工艺研究所、陕西煤田地质监理事务所。

本标准主要起草人：杨建英、黄学斌、姚超伟、何意平、徐开祥、程温鸣、贺卫中、李永红、付小林、吴润泽、叶润青、霍志涛、范意民、董雅深、张业明、马飞、肖建兵、卢书强、陶福平、姬怡微、刘海南、程丽、詹力嘉、季伟峰。

本标准由中国地质灾害防治工程行业协会负责解释。

引 言

地质灾害监测主要由专业监测和群测群防组成,为规范地质灾害监测资料的归档管理工作,加强地质灾害监测资料档案的监督、检查、验收、移交、管理等工作,建立完整规范的监测档案,充分发挥监测资料的作用,有效实现数据共享,根据《中华人民共和国档案法》《地质资料管理条例》等法律法规,结合监测资料归档管理工作的实际,制定本标准。

监测资料的整理、归档及验收与移交除执行本技术要求外,尚应符合国家现行有关标准的规定。

地质灾害监测资料归档整理技术要求（试行）

1 范围

本标准规定了监测资料的归档范围，卷内文件分类、编号、编目和立卷归档、档案验收的一般原则。

本标准适用于地质灾害监测建设与运行资料的整理归档。

2 规范性引用文件

下列文件对于本标准的应用是必不可少的。凡是注日期的引用文件，仅所注日期的版本适用于本标准。凡是不注日期的引用文件，其最新版本（包括所有的修改单）适用于本标准。

GB/T 7156—2003　文献保密等级代码与标识
GB/T 11821—2002　照片档案管理规范
GB/T 18894—2002　电子文件归档与管理规范
GB/T 50328—2014　建设工程文件归档整理规范
DA/T 22—2015　归档文件整理规则
DA/T 28—2002　国家重大建设项目文件归档要求与档案整理规范
DA/T 41—2008　原始地质资料立卷归档规则
SZ 1999001—2000　图文地质资料扫描数字化规范
SZ 1999002—2001　成果地质资料电子文件汇交格式（试行）

3 术语

下列术语和定义适用于本标准。

3.1

专业监测 professional monitoring

是指由专业单位利用专业仪器，对地质灾害隐患点开展监测预警工作。

3.2

群测群防 public monitoring and prevention

是指由当地受过地质灾害教育培训的群众采用简易手段，对地质灾害隐患点开展监测预警工作。

3.3

建设文件 construction document

由建设单位负责，在监测项目建设中形成的各种形式的信息记录，包括工程项目规划、立项、审批、招投标等文件。

3.4

勘查文件 prospecting document

由勘查单位负责,在地质灾害监测项目前期用以查明地质灾害体的空间位置、形态特征、空间关系、内部结构、测绘、实验等数据信息的记录文件及成果报告。

3.5

设计文件 design document

由设计单位负责,在地质灾害监测项目前期提出地质灾害体的监测项目设计文件。

3.6

施工文件 constructing document

由施工单位负责,在地质灾害监测项目施工过程中形成的文件。

3.7

监理文件 project supervision document

由监理单位负责,在地质灾害监测项目设计、施工、竣工验收等过程中形成的文件。

3.8

竣工验收文件 handing over document

监测项目竣工验收活动中形成的竣工总结、质量评定、财务决算等文件。

3.9

监测文件 monitoring document

由监测单位负责,在监测项目运行期间形成的监测数据及文件。

3.10

整理 arrangement

按照一定的原则,对工程文件进行挑选、分类、组合、排列、编目,使之有序化的过程(GB/T 50328—2014)。

3.11

件 item

归档文件的整理单位(DA/T 22—2015)。

3.12

立卷 filing

按照一定的原则和方法,将有保存价值的文件分门别类整理成案卷,亦称组卷(GB/T 50328—2014)。

3.13

案卷 file

由互有联系的若干文件组成的档案保管单位(GB/T 50328—2014)。

3.14

归档 putting into record

监测资料形成单位将形成的文件整理立卷后,按要求向档案管理机构移交的过程。

4 基本要求

4.1 档案管理

建设、勘查、设计、施工、监理、监测等单位应将地质灾害监测资料的形成和积累纳入项目建设管理的各个环节。

建设单位在签订合同、下达任务书时,应对项目监测资料归档提出明确要求;在项目实施过程中,建设单位对形成的文件立卷、归档工作进行监督和检查;在项目成果评审检查验收等阶段,应开展档案工作的质量验收,给出验收评定及报告。

勘查、设计、施工、监理、监测等参建单位应对地质灾害监测工作中形成的资料进行整理、分类、组卷、归档,将此项工作纳入项目建设与质量管理工作程序中;应配置档案形成所需的软硬件,完成档案文件、图片、图纸的扫描,监测资料信息化录入等工作。

参建各方汇交的监测档案由建设单位汇总,编制统一的档案号,完成归档工作。

4.2 履行职责

建设单位对地质灾害监测项目形成的资料档案负全责。

参建单位应对监测工作中形成的资料进行收集、整理、归档、保存,对提交的归档成果内容、质量负责。

5 归档文件

5.1 纸质文件

在工作中形成的纸质材料,通过整理、接收、征集等方式集中汇总,并按照内容、范围、类别等归类整理。在各生产环节(工作开展的工序)要细化纸质材料类目,确保材料的完整性和系统性。

纸质文件包括图、表、文件、文字材料、照片等。

5.2 电子文件

电子文件是指源电子文件和存档电子文件。

源电子文件是指使用办公软件、制图软件等形成的电子文件,格式如 *.doc、*.xls、*.dwg、*.mpj等。存档电子文件是指将源电子文件转化而成的电子文件,格式如 *.jpeg、*.tiff、*.pdf等。

电子文件的收集工作应与纸质文件相对应。

5.3 信息化成果文件

信息化成果文件是通过专业数据采集软件,按信息化要求将所形成的资料文档逐项录入系统后生成的电子文件。

信息化成果文件的收集应贯穿于监测项目全过程。使用专业数据采集软件,按照采集系统中相关数据结构和数据项,采集地质灾害监测相关信息。

6 归档范围及质量要求

6.1 归档范围

地质灾害监测归档范围包含项目建设管理、勘(调)查、设计、施工、监理、竣工验收、监测等相关资料。监测项目的审查与批复文件实行分级管理,险情等级为大型以上地质灾害监测项目的审查与批复文件,在省级国土资源主管部门归档;中型以上地质灾害监测项目的审查与批复文件,在市级国土资源主管部门归档；项目所在的县级国土资源主管部门对所有地质灾害监测项目的审查与批复文件进行归档。

6.1.1 纸质文件

与监测实施有关的重要活动、记载实施过程和现状、具有保存价值的各种文件，均应收集齐全，整理立卷后归档，归档范围参照本标准附录A、附录B。

6.1.2 电子文件

对应纸介质相配套的源电子文件、存档电子文件，归档范围参照本标准附录A、附录B。

6.1.3 信息化成果文件

可按照专业数据采集软件的相关采集要求，对项目建设管理、勘查、设计、施工、监理、竣工验收、监测等各类资料数据进行录入，归档范围参照本标准附录A、附录B。

6.2 归档文件质量要求

6.2.1 总体质量要求

地质灾害监测资料档案应纳入项目质量管理体系。质量管理部门应认真把好质量监督检查关，未按要求提交监测档案的，不得通过档案验收或进行质量等级评定。

所有归档资料的原件为最真实、最有法律效力的材料。资料内容可采用书写或打印方式填写，签字、签名一律采用蓝黑或碳素墨水书写，并盖有单位公章，归档资料应清晰、字迹工整、表格完整。

6.2.2 纸质文件要求

归档的纸质文件应有一套完整、齐全的原件。内容应真实、准确，与监测项目实际情况相符合。

纸质文件应采用适宜长期保存的纸张和耐久性强的书写材料，如碳素墨水、蓝黑墨水。不得使用易褪色的书写材料，如红色墨水、纯蓝墨水、圆珠笔、复写纸、铅笔等。字迹清楚，图样清晰，图表整洁，签字盖章手续完备。文字材料幅面尺寸规格宜为A4幅面。

图纸采用国家标准图幅。竣工图均加盖竣工图章。竣工图章应使用不易腿色的红印泥，应盖在图标栏上方空白处。竣工图章的基本内容应包括："竣工图"字样、施工单位、编制人、审核人、技术负责人、编制日期、监理单位、现场监理和总监理。竣工图章示样见附录C。利用施工图改绘的竣工图，应标明变更修改依据。凡施工图结构、工艺、平面布置等有重大改变，或变更部分超过图面1/3的，应重新绘制竣工图。不同幅面的图纸应统一折叠成手风琴式A4幅面，图签外露。成册图件折叠成A4图幅面装订时，若案卷左右不平，可在左侧垫条，使案卷册四周均衡。

立卷归档的照片应有照片编号及文字说明，若是用胶片冲印的照片，每张底片的编号应与照片一致（GB/T 11821—2002）。

6.2.3 电子文件要求

监测资料归档电子文件应采用开放式文件格式或通用格式进行存储。专用软件产生的非通用格式的电子文件应转换成通用格式（GB/T 50328—2014）。

6.2.3.1 文本类源电子文件的格式要求及编制
6.2.3.1.1 文本类电子文件的格式要求
字号不得小于5号字,行距不得少于单倍行距。

页面尺寸以A4幅面为宜,附表、插表、插照、图版等按实际尺寸制作。

电子文件应有页码,页码位于页面底端(页脚),对齐方式为"居中"或"外侧"(奇数页在右侧,偶数页在左侧)。对于特殊页面,也可采用其他对齐方式。

所有插图、插照、插表、图版应直接插入文字中的相应位置,不得覆盖其他信息,也不得采用超链接的方式链接其他软件制作的文件。

所有图片、照片、表格、图版等在电子文件中的显示方向应向上。

6.2.3.1.2 审批类电子文件的编制
成果资料中的审批材料应单独组成一类电子文件。

当存在多个审批验收文件时,应按照审批级次由高到低依次进行编排。对同级的认定书、决议书、审查意见书、评审意见书,以认定书、决议书在前,审查意见书、评审意见书在后的顺序进行编排;同级、同类的审批文件,按时间先后顺序由新到老编排。

审批类电子文件的内容应与正式批件一致,编排格式与正式文件尽量一致。每一份审批类电子文件应注明发文机关(公章)、发文时间。公章的内容可以用文字表示。

制作审批类源电子文件时,对于没有手工录入的文件,允许采用插入栅格图形文件的方法形成。

6.2.3.1.3 附件类和其他类电子文件的编制
正文类、附件类和其他类的文件原则上每一个分册应分别制作成一个电子文件。如文件过大而影响浏览时可以分成多个电子文件。

电子文件上的页码应与纸介质上的页码相对应,页码不连续的各部分要用分隔符(如分节符)分隔开。

各类报告的题名、篇名(部分名)、章名、节名等标题应用标题命令定义,标题阶次依次降低(如采用1~4级标题),同一层次标题的阶次应相同。各电子文件的目录(或目次)要通过文字处理软件的插入目录命令自动生成,应具有超链接。

当附件类文件中又含有一套附图、附表等类文件时,应将它们合并到相应的类别中,并在电子文件登记表中进行说明。

制作其他类源电子文件时,对于没有手工录入的文件部分,允许采用插入栅格图形文件的方式来形成。

6.2.3.1.4 附表类电子文件和文中插表的编制
对附表类文件,内容类别不同的表格应分册制作,且每一个附表均应有表名和表栏头。

制作附表类文件时,应采用表格命令或插入文件的方式来直接制作,不得采用超链接的方式链接其他软件制作的表格。附表的纵向尺寸应以版芯的尺寸为界限,如果横向或纵向超出版芯,可用续表。续表中表名可以省略,但表栏头仍要保留。

附表类文件的表名要使用标题命令进行定义,标题样式不作具体要求,以美观实用为原则。标题命令完成后应使用软件自动生成目录,其制作方法与正文类相同。

如果使用Excel等软件来制作附表类电子文件,原则上不对表格作切割。不同册的附表不能放在同一个Excel文件(工作薄)中。同一册附表中的每张表要使用工作薄中的一个工作表来表示,工作表的标签用其表名的简称来命名。

文中插表除表名不使用标题命令进行定义外,其他要求和编制方法同附表类一致。

6.2.3.2 图件类电子文件的格式要求及编制

6.2.3.2.1 格式要求

附图类源电子文件的格式原则上不作限制,宜采用遵循开放地理信息系统协会协议的主流软件来制作。图件制作完成后要提交相应格式的电子文件,以及运行这些电子文件绘图时必需的相关文件(如二次开发软件、系统库、外部链接文件、字库和文件等),并保证这些文件可以被再利用。

图件类存档电子文件格式主要有 *.jpeg、*.eps、*.gif、*.pdf 和 *.tiff 等。

6.2.3.2.2 编制

附图类电子文件的内容、幅面大小、用色标准、图例符号等按照地矿行业的标准及相关制图标准执行,而且在内容和图号数上要与纸介质相对应。

在编制图件类电子文件时,应按照一张图一个顺序号的原则统一编号。一张图一个文件夹,且文件夹内应有源电子文件及存档电子文件两种格式。

对超 A0 幅面图件的电子文件原则上不进行分割。当影响浏览使用时可切割成多张图,切割后的各电子文件应能独立使用。对分成多个文件的同一幅柱状图,每个文件中均应有图头。

对于分幅制印的同一幅图件,用数字化方法形成电子文件后,如果造成在计算机上浏览不便,应进行加工处理(拼接),形成一个电子文件。

以矢量图形为主的数据库(如地质图空间数据库)应汇交所有图形文件、图层文件、外挂库和浏览数据库必需的系统库、字库、属性库、外部链接文件等相关文件,以及与数据库关系密切的其他文件和文件夹。

以栅格图像为主的数据库应汇交所有图像文件及与之相关的其他文件和文件夹。

文字、图件类的"存档电子文件"应尽可能通过对"源电子文件"进行制作或转换而得。对于特殊情况,也可以采用扫描等数字化方式形成,但不得使用数码相机拍照的方式形成。在制作或转换形成存档电子文件时,分辨率的选取以保证图形的精度和清晰度为准,一般可取 300dpi;对压缩的 jpeg 格式质量因子取 75 以上。采用扫描等数字化方式形成存档电子文件时的质量技术指标参照有关标准或规范执行。

6.2.3.3 多媒体类电子文件的格式要求及编制

6.2.3.3.1 格式要求

多媒体文件的格式原则上不作限制,推荐采用通用的 MPEG 或 AVI 格式,单纯的声音文件推荐采用通用的 WAV 或 MP3 格式。

6.2.3.3.2 编制

多媒体文件像素的选择以保证图像清晰为原则,文件声音应清楚、音质良好。有特殊情况的,应在电子文件登记表的"电子文件说明"中进行说明。

多媒体文件不宜过大,不可以用压缩软件进行处理,当超过载体容量时应分成多个电子文件。

6.2.3.4 附加文件的格式要求及编制

6.2.3.4.1 电子文件登记表

为保证成果地质灾害监测资料电子文件的正常使用,在制作电子文件的过程中,需要编制电子文件登记表。表的样式及编制要求见附录 D。

电子文件登记表的源电子文件采用 Execl 制作,存档电子文件转化为 pdf 格式。

电子文件登记表编制完成后,取名"电子文件登记表",归于"其他"类中,纸质登记表与相应的电子登记表一并汇交。

6.2.3.4.2 其他文件

每一份存档的电子光盘均要制作一个"载体外标签"的电子文件,其源电子文件制作可采用通用的文字处理或表处理软件,存档电子文件采用 pdf 格式。标签的样式见附录 E。在填写好所有的内容后归于其他类中。

6.2.3.5 电子文件在介质中的组织形式

电子成果资料建夹要求根据成果资料分类分别建夹,标识清晰,与对应纸介质文档卷号一致。

a) 每一份地质灾害监测资料电子文件以一个独立的子目录(一级子目录)置于根目录下,子目录名即为该份资料的电子文件号(与单位工程纸介质对应档案号一致),该份电子文件所包含的所有电子文件均置于此子目录下。

b) 在一级子目录下建立两个名为"源电子文件"和"存档电子文件"的二级子目录,分别用于存放该份电子文件的源电子文件和存档电子文件。

c) 对于附图类的源电子文件,要在"源电子文件"子目录下按照一张图件一个子目录的原则建立若干个三级子目录,每个三级目录的名字与该图所对应的存档电子文件名相同,它们将分别用于存放该图的源电子文件以及运行上述文件时必需的相关文件(如二次开发软件、系统库、字库和文件等),且每个相关文件要以独立的文件夹进行存放。如果各图件的源电子文件是用同一工具软件形成的,运行时必需的相关文件相同,则可以将这些相关文件以一个独立文件夹的形式直接放在"源电子文件"子目录下,但此时应在电子文件登记表中进行说明。

d) 对于数据库类,同样也要在"源电子文件"子目录下建立一个名为"数据库"的三级子目录,然后将数据库或软件的源电子文件按照其原有的目录结构分类存放到该子目录中。

e) 对于有插图、插照、图版等的电子文件,还需要在"源电子文件"子目录下再建立一个名为"插图文件"的三级子目录,用于存放这些插图、插照、图版等插入前的源图形文件。

f) 如果在二级或三级子目录下还需再建立其他的子目录,那么创建后应在电子文件登记表的"电子文件说明"中进行说明。

成果资料电子文件的组织示例见附录 F。

6.2.3.6 电子文件的检查和录制

6.2.3.6.1 齐全性和正确性检查

地质灾害监测资料电子文件制作完毕后应对所有的电子文件进行全面的检查,以保证电子文件的质量。检查的重点主要有以下内容:地质灾害监测资料电子文件及其附加文件的数量和内容应齐全完整,文件格式、文件名、文件夹名要正确,在存储载体中的组织方式应符合要求。

6.2.3.6.2 文本检查

文本部分的电子文件在信息内容上要与纸介质保持一致,其内容信息、编排体例(顺序)和编辑格式(如字体、字号等)要符合相关行业标准和本标准的要求。

正文、附件、附表(xls 格式除外)等类的电子文件均要有目录(或目次),且具有超链接功能;页码要符合要求。

电子文件的页面为 A4 幅面,部分页面设置随内容调整。

电子文件所载信息清晰完整,插表、插图、图版插入位置正确无遗漏,边界完整,且未覆盖其他信息,信息显示方向为直立。文本部分的插图、图版的源图形文件要按要求组织和存储。

以扫描方式形成的审批文件,其栅格图形文件应插入到文本文件中,不得以栅格图形文件的形式形成审批类电子文件。

6.2.3.6.3 附图检查

电子文件所载的内容信息要与对应的纸介质的内容信息一致,各地质体色彩符合相关制图标准,不能出现丢色和严重偏色现象。

电子文件的幅面、字体等符合制图标准及相关要求。

源电子文件及其所附的系统库、字库等相关文件齐全可用,要保证所含信息的真实性和可利用性,保证在相应的工具软件和环境下能被正常浏览、使用和转换成存档电子文件。

存档电子文件的信息清晰可读,线条连续,数字、符号等清晰无歧义,没有错漏地质体,图例与图中所对应的内容在表达形式上相一致。

6.2.3.6.4 数据库检查

应保证所汇交的数据库能正常打开和使用。数据库文件在相应的工具软件和环境下能够正常地浏览和使用,所附系统库、字库等相关文件完整齐全、真实可用。

6.2.3.6.5 多媒体检查

多媒体文件播放时图像清晰、声音清楚、播放流畅。

6.2.3.6.6 电子文件登记表检查

从整体上对电子文件的信息进行记录,并对每一个电子文件(数据库和软件为文件夹)的属性逐一进行标注,所有的内容信息要齐全、完整、规范,不能有遗漏和错误。

6.2.3.6.7 录制

完成地质灾害监测资料电子文件的质量检查后,对合格的电子文件进行录制。录制前,要将电子文件中多余或错误的内容全部删除。

在确保没有病毒的情况下,采用中速兼容方式进行录制。

录制后对电子文件进行复查,复查无误后,在存储载体上标记载体编号,贴上载体外标签(见附录 E)。

6.2.3.6.8 录制载体

载体用光盘、硬磁盘等,禁止使用劣质或废旧载体进行汇交。

以光盘作为地质灾害监测资料电子文件的汇交载体时,应一次性刻录,禁止以多区段刻录的方式进行录制。

6.2.3.6.9 电子文件入盒

录入电子光盘后应装入盒内,并附有标签。光盘标签上应填写盘号、项目名称、资料内容、形成单位、形成日期。不得在光盘盘面贴标签或用硬笔在光盘盘面上书写内容。

6.2.4 信息化成果要求

6.2.4.1 信息化成果文件要求

监测信息化成果文件是使用专业数据采集软件采集形成的信息化成果数据。数据库应符合相关建库标准。

信息化成果资料汇交,应包括地质灾害监测最终评审通过的整个库文件(包含所有表文件、数据间的关联关系、存储过程以及后备文件或导出文件等)及其使用说明,同时还有使用信息化成果文件必需的系统库、字库、外部链接文件等相关文件和技术文档,以保证其能正常使用。

信息化采集中需导入附件资料时,应使用以下文件格式:①微软办公软件中的 Word 文档、Excel 文档等;②PDF 文件;③CAD 图件;④ArcGIS 文件;⑤MapGIS 文件;⑥JPEG 文件;⑦TIFF 文件。文件需确保内容清楚。

6.2.4.2 信息化采集工作要求

a) 按照"谁管理,谁采集;谁采集,谁负责"的原则,采用指定的信息化软件进行数据采集入库及资料处理。

b) 项目建设过程的各阶段(包括勘查、设计、施工、监理、竣工验收等)可使用统一的信息化软件对项目进行管理,实时形成信息化成果,并归档保存。监测运行期的监测信息化成果必须归档保存。

c) 项目施工阶段,施工、监理及建设单位可遵从审批流程,采用专业数据采集软件现场完成各类表单的审批,审批流程如下:

d) 无对应表格的成果资料在信息采集的软件中应采用导入附件的方式入库,正确选择与之相关表格,填写附件名称后将原始电子文件作为附件导入;无原始电子文件的成果资料以彩色扫描格式导入,扫描效果应保证扫描原件清晰,不得使用拍照方式代替扫描件格式。

7 立卷要求

7.1 立卷原则

监测资料档案应分门别类,整理立卷时应遵循防治项目文件自然形成的规律,保持卷内文件的有机联系,便于档案的保管和利用。

档案案卷的分类整理以件为单位,一般一份文件为一件,正文、表册、附件、图册等一册(本)文件为一件;以能独立有效使用的电子文件(夹)为一件,数据库或软件文件夹为一件(DA/T 41—2008)。

文件内容包括 7 个工作环节:规划、勘(调)查、设计、施工、监理、竣工验收、监测。

7.2 立卷要求

a) 按照一定的方法对组织好的资料档案案卷进行科学排序,先按档案类别从一级类目至末级类目依次排列,再在末级类目下按阶段或工作程序结合归档时间进行排列。

b) 卷内文件材料逐"件"加"文件封面、文件目录、文件材料、文件封底"(附录G),装订成册后按类别装入卷盒。

c) 案卷不宜过厚,卷内单"件"册材料不超过 40 mm,若材料未完可续另册。

d) 案卷内不能有重份文件,文件分类不能出现前后交叉,内容混淆组卷。

e) 案卷内不同类别、不同载体的文件一般应分别组卷。

7.3 卷内文件排列

档案的一级类目划分按序排列,分类分级参照附录 A、附录 B。

文字资料按事项和专业顺序排列。同一事项的请示和批复,同一文件的印本和定稿,主件和附件不能分开。按批复在前,请示在后;印本在前,定稿在后;主件在前,附表、附图等附件在后的顺序排列。图纸按专业排列,同一专业图纸按图序号顺序排列(DA/T 22—2015)。

既有文字资料又有图纸资料的案卷,文字材料排在前,图纸资料排在后。

7.4 卷内文件制印

所有文图资料在制印成册时,应保证图文、签字、签章清晰,宜采用双面制印。

7.5 案卷编目

案卷编目以件为单位,案卷内独立文件的页码和目录编制、卷内目录及案卷目录的编制应符合以下要求。

7.5.1 卷内文件页码要求

a) 卷内文件均在有书写内容的页面编打页码。编页码的方法:卷内以每份文件为单位,页码从"1"开始编写,在文件的"卷内文件目录"上反映该件文件材料的"页次"。"页次"是指填写文件材料在装订好的单册文件中所排的起始页码,最后一份材料填写起止页码。

b) 单面书写文件的页码写在右下角;双面书写文件的页码,正面写在右下角,背面写在左下角。折叠后的图纸一律写在右下角。

c) 成套图纸或印刷成册的地质灾害监测资料文件,自成一件的,不须重新编写页码,与其他资料文件材料组卷时,将其作为一件文件填写卷内目录,并在备注中注明本卷总页数。

d) 案卷封面、卷内目录、卷内备考表不编写页码。

e) 页码编打采用打码机(颜色为黑色)逐份流水号打印页码,页数连续完整,打印整洁美观。对于错号页码不得随意使用涂改液或墨笔涂改。漏页、错页补打页码的,可在案卷备考表中注明纠正、补改记录说明。顺错页码,可加盖红色带边框"未执行"字样(边框长13 mm、宽8 mm)在废弃页码边上,重新顺编页码。

7.5.2 件内文件目录的编制要求

卷盒内以件为单位的资料,应有独立的件内文件目录。单页图纸应有完整的图名及图号。单件的材料,若为成图的图件,应有完整的图件目录,且目录带检索页码;若为印刷成册的报告,应有独立完整的带页码的索引目录。对于零散组合装订的资料,应形成以件为单位的"件内文件目录"。件内文件目录式样见附录H。

7.5.3 卷内目录的编制要求

a) 卷内目录是案卷内资料文件的"明细表",其式样参照附录Ⅰ式样。卷内目录单独放置于卷盒内文件首页之上。

b) 序号:以装订好的"件"文件为单位,用阿拉伯数字从"1"依次标注卷内文件材料件数的顺序。

c) 责任者:填写文件的直接形成单位。有多个责任者时,选择一个主要责任者,其余用"等"代替。

d) 文件编号:填写文件材料原有的文号、图号、设备代号。

e) 文件题名:填写文件材料标题全称。

f) 日期:填写文件形成的日期,有不同日期应填写材料的最终日期。以国际标准日期表示法标注年月日,如20160202。

g) 页数:填写每"件"装订成册文件的页数。最后一行注明本卷内文件总页数。

h) 备注:对有关文件的特殊情况和其他事项作说明,可简要填写。

填写卷内目录时,特别强调:文字材料应逐份登录,图样材料一般逐张登录,每张图纸应作为一件对待,不能将一组图样作为一件登录。出图时已汇编成册并编有正式题名的图样,可作为一件登录。

7.5.4 案卷目录的编制要求

案卷目录是将一组相关联的单位监测全部档案立卷汇总后,对每个档案卷盒内的卷内目录汇集成册,形成一级案卷目录册。

案卷目录式样见附录J。

7.6 卷内备考表

备考表主要标明卷内文件的总页数、各类文件页数(照片张数),以及立卷单位对案卷情况的说明(主要说明卷内文件复印件情况,页码错误情况,文件更换、修改、补充、移出、销毁、缺损等基础信息)。

备考表单独放置于卷盒内末份文件之后,负责整理归档文件的立卷人及负责归档质量的检查人应签名,填写归档文件整理完毕的日期。卷内备考表式样见附录K。

7.7 案卷封面

案卷封面的内容应包括:档案号、资料馆代号、案卷题名、编制单位、编制日期、密级、保管期限、共几卷、第几卷。案卷内封面与案卷盒封面均为同一样式,置于卷内目录之后,式样见附录L。

密级的标识应符合《文献保密等级代码与标识》(GB/T 7156—2003)文献保密等级代码与标识第4条及第6条规定。

7.8 案卷装订

文件归档是将自然、有机联系的若干文件以"件"为单位固定在一起。装订前应对归档文件进行适当的修整。

7.8.1 修裱破损文件

a) 修裱:使用粘合剂和纸张对破损文件进行"修补"和"托裱",以恢复文件的原有面貌,增加强度,延长寿命等。

b) 修补:对有孔洞、残缺或折叠处磨损断裂的文件采用"补缺"和"托补"两种技术。补缺是对残缺和有虫蛀孔洞的文件进行修复;托补分为溜口和接后背两种方法。

c) 托裱:在文件的一面或两面托上一张纸,借以加固文件。根据文件字迹泅水程度而采用干托或湿托方法;如果文件字迹耐水性较差采用干托,反之则用湿托。托裱时要四周粘贴牢实,双面有文字又需托裱的,可只粘贴好左边或上边。在一张A4白纸上可裱糊一张或几张小幅面的文字材料,如合格证、票据、存根等,要求排列整齐,预留出装订线位置。

7.8.2 拆除易锈蚀的金属装订用品

文件装订时普遍使用订书钉、大头针、曲别针等。对于永久、长期保存的档案,文件在归档时应拆除易锈蚀的金属物。对于已装订成册的成套报告,可不拆卷。

7.8.3 复制字迹模糊或易褪变的文件

对于纯蓝墨水、红墨水、复写纸、圆珠笔、印台油、铅笔等字迹材料制作的文件材料,以及热敏纸为载体的传真件应进行复制备档。

7.8.4 超大纸张折叠

档案盒尺寸是按照 A4 纸张大小设计的。如有幅面大于 A4 规格的文件,需要加以折叠。折叠时应注意以下几点:一是要尽量减少折叠次数;二是折痕应尽量处于文件字迹图形之外;三是页数较多时,宜单张折叠。

7.8.5 装订方法

采用三孔一线左侧装订法将归档文件以"件"为单位进行装订。每一件文件加装文件封面,题写文件材料题名。

装订线要求:A4 规格的纸张长为 29.7 cm,宽为 21 cm,装订线距纸张左边 1.2 cm,中间针孔位置取 A4 纸张中点(14.85 cm),上下两孔针眼距中间孔点间距各 7.5 cm。统一每"件"文件的装订线,以便文件错装后拆件另组件。式样详见附录 M。

装订线采用蜡线为宜,结头打在文件的底部卷皮之内。要扎得结实,不压住字迹,不倒掉页,不损坏文件。

对于某些特别珍贵的手稿、文献原稿、照片、图片等不便装订的材料,可标上档号后散存卷盒内,或采用卷袋、卷盒装具加以特别保护。

图纸较多可不装订,编上图序号,折叠成 A4 幅面装盒,盒内应放置图纸名称详细目录。

横写的材料应将文件头放在装订线一侧装订。

7.9 卷盒、卷夹与案卷脊背

案卷装具一般采用卷盒、卷夹两种形式。

卷盒的外表尺寸为 310 mm×220 mm,厚度分别为 20 mm、40 mm、60 mm。

卷夹的外表尺寸为 310 mm×220 mm,厚度一般为 20 mm~30 mm。

卷盒、卷夹应采用无酸纸制作。

案卷盒封面(附录 L)、脊背的式样宜符合附录 N 的要求。

7.10 档号编制要求

建设过程中参建单位对于各自的档案应用铅笔先编填基础档案号,以识别各类档案;竣工验收前,对档案进行汇总预验收,最终验收后,由建设单位汇总各参建单位的归档资料,形成一个完整有序的档案号,完整的成果资料档案编号由"一级档案号+地质灾害监测分类号+项目号+文件级分类代码号+案卷顺序号"组成。监测文件归档档案基础编码及档案号编制格式参见附录 O。

  a) 一级档案号:由省市代码+区县代码+档案大类代码(D)组成。
  b) 地质灾害监测分类号:2 代表专业监测,3 代表群测群防。
  c) 项目号:是监测的规划号或项目编号,具有唯一性。编号采用 4 位阿拉伯数字表示,不足 4 位的以零补足。
  d) 文件级分类代码号:文件类别。

e) 案卷顺序号：三级类目下组卷的文件立卷顺序号，一卷一号，采用3位阿拉伯数字表示。三级类目发生改变时，换新类别文件立卷顺序号又从001、002、003……自然顺序编号。

如档号：610602D3000111001

档案意义：陕西省(61)延安市(06)宝塔区(02)地质灾害防治(D)群测群防(3)项目编号为(0001)文件级一级类目(1)文件级二级类目(1)案卷顺序号(001)。

8 文件归档

8.1 归档要求

文件组成案卷后装入卷盒：各参建单位将文件材料以"件"为单位，参照附录A、附录B的归档范围，按文件级二级类目下要求存档的相关文件类目依次排列装入案卷盒，并按不同二级档案类目编写档案号。

8.2 归档程序

地质灾害监测项目建设期竣工前的监测资料按建设资料归档，建设竣工后的监测资料按监测运行期资料归档。对监测项目不同实施阶段所形成的档案，审查合格后，实施单位分别向建设单位归档汇总。群测群防形成的各类监测数据资料，审查合格后，由县级国土资源主管部门归档汇总。

8.3 归档分类

项目竣工后，建设单位对所有档案进行汇总，案卷盒按文件类别归类，每个项目档案案卷盒排列顺序为：建设、勘查、设计、施工、监理、监测、竣工验收、声像多媒体、档案卷宗。标识总卷号及分卷号，形成一整套系统、全面的档案成果，形成档案统计表及案卷明细册，式样见附录P、附录Q。

9 档案验收

9.1 档案验收程序

a) 建设单位自验：项目建设单位对项目档案进行验收。成果资料归档、自验表参照附录R.1和附录R.3。

b) 主管部门验收：项目验收前，由主管部门组织项目档案验收，对存在的问题提出整改要求，建设单位按检查验收意见组织整改，整改完毕形成"整改回复"上报。验收鉴定表参照附录R.2、附录R.4。

涉及重大建设项目的地质灾害监测资料档案验收，依据《重大建设项目档案验收办法》，在预验收的基础上按照《国家重大建设项目文件归档要求与档案整理规范》(DA/T 28—2002)对项目文件材料的收集、整理、归档作符合性检查及档案验收。

9.2 验收准备材料

档案验收前，各参建单位需要提供给验收部门的材料参照附录R、附录P、附录Q。

需要提供给验收组的材料如下：

a) "监测项目成果资料档案统计表"参照附录P。

b) "监测成果资料档案汇交案卷明细册"参照附录Q。

9.3 档案验收基本内容

9.3.1 资料分类

资料归档分类应准确、规范。参照附录A、附录B的各项分类划分标准和归档范围顺序组卷。

9.3.2 资料内容

汇交资料的纸质文件数量需与报送单所列数目、内容一致。

电子文件数量与电子文件登记表数目一致,电子文件格式、组织结构符合要求,文件内容完整。

信息化成果文件应按照信息采集软件中相关采集标准要求采集,内容符合验收要求,录入信息数据库文件完整可读。

9.3.3 资料签章

资料中所有涉及到法人责任的纸质文件均应加盖公章,部分文件可为相应责任人的签字(章)。签章要清晰可辨,应有签章的分别如下。

a) 提交单位公章:扉页、载体外标签、电子文件登记表。
b) 审批单位(机构)公章:审查意见书、审批意见书、初审意见书,以及各类认定书,评审意见应附专家组组长签字(可为复印件)。
c) 单位(或主管单位)保密委员会公章:汇交地质灾害监测资料涉密情况登记表,无保密委员会时,盖单位或主管单位公章。
d) 审核单位公章:地质资料保护登记表,申请保护的地质灾害监测资料,国土资源主管部门审批后盖章可生效。

9.3.4 资料档案目录清单(册)

资料档案目录清单(册)应包含档案案卷目录册、地质灾害监测资料目录清单。

9.4 电子文件(信息化成果)的验收

9.4.1 验收重点

地质灾害监测资料电子文件的查验重点是存档电子文件的格式、组织方式和所载信息的完整性,尤其是监测运行期监测成果电子资料的连续性和完整性,以及与纸质载体资料内容的一致性、电子文件的可再利用性和载体的安全性等内容。

信息化成果资料的数据库文件及相关附件内容符合信息化要求,与项目提交最终资料内容相符,保证数据的完整和一致。

9.4.2 验收要求、方法及步骤

9.4.2.1 源电子文件及存档电子文件验收要求

a) 采取查杀病毒等安全措施后,如果所汇交的电子文件属于安全的,则可开始验收。
b) 对照电子文件登记表,逐个打开电子文件进行浏览检查。
c) 软件应安装试用,检查其安装情况和功能是否可用,非独立安装的软件应搭建相应环境进行检查。

d) 多媒体要使用相应的媒体播放软件或阅读器进行浏览,保证画面流畅,影音清晰可辨。

9.4.2.2 信息化成果验收要求

信息化成果在相应的软件环境下检查采集完成情况,评定采集质量。

9.4.3 提交载体的验收

a) 电子文件的载体不应有擦痕、斑点、霉变、变形、损伤等痕迹,载体表面应清洁。
b) 电子文件载体应能在通用的读取设备上被正确读取,不携带病毒且能进行正常的复制。
c) 电子文件载体的外标签应正确无误。

9.4.4 信息化电子文件载体

信息化成果验收(终验)合格后,单个项目使用相应的信息化系统软件打包导出,保持软件系统导出文件原有组织方式和目录结构不变。文件统一按数据类别分类存储。

9.4.5 汇交凭单

地质灾害监测资料电子文件的汇交凭单应齐全,填写规范正确。

信息化成果应填写"监测项目信息化成果资料电子文件登记表"及"信息化成果文件载体外标签表"(参照附录D.2、附录E.2)。要求登记表一式三份,光盘外标签置于盒内随盘保存。

9.4.6 电子文件的质量验收

根据地质灾害监测资料的汇交要求,对照电子文件登记表、任务书和审批材料等文件,仔细查验汇交电子文件的齐全性、完整性和可再利用性。同时,还要重点查验电子文件的源电子文件、插图文件和数据库及其所需的系统库、字库、外挂链接库等文件的齐全性和可用性,保证所汇交的地质灾害监测资料电子文件齐全、完整、正确、可用。

10 档案汇交

10.1 汇交程序

地质灾害监测项目完成后,监测档案由建设单位向县级国土资源主管部门汇交。

10.2 汇交时间

项目验收审查通过后,在3个月内完成监测档案的汇交工作。

10.3 汇交办法

经检查验收合格的监测成果资料,由建设单位向县级国土资源主管部门提出"地质灾害监测项目成果资料归档汇交申请"(参照附录S),并附上汇交资料档案案卷明细册(参照附录Q)。对于延期汇交的资料,需递交延期汇交申请,阐明延期汇交原因。

纸质档案文件一般不少于两套,一套由建设单位保管,一套(原件)由县级主管部门保管。电子档案文件一般不少于四套,分别由建设单位及省、市、县三级主管部门保管。主管部门向建设单位返回资料汇交回执及档案移交书(参照附录T、附录U)。

地质灾害监测资料信息化成果文件可参照电子档案文件汇交办法。

附 录 A
（资料性附录）
专业监测文件归档（含信息化录入）范围和保管部门对照表

表 A.1 专业监测文件归档（含信息化录入）范围和保管部门对照表

序号	应归档文件材料	文件归档范围						
		建设单位	勘查单位	设计单位	施工单位	监理单位	监测单位	县级主管部门
1	**项目建设期工程管理文件（一级类目，分类代码：1）**							
1.1	**规划及批复文件（二级类目，分类代码：1）**	√						√
1.2	**审查与批复文件（二级类目，分类代码：2）**							
（1）	立项批复文件	√						√
（2）	勘查批复文件	√	√					√
（3）	设计批复文件	√		√				
（4）	招投标中标通知书	√						√
1.3	**工程移交文件（二级类目，分类代码：3）**							
（1）	工程移交单、会议纪要	√						
1.4	**其他文件（二级类目，分类代码：4）**	√						√
2	**勘查文件（一级类目，分类代码：2）**							
2.1	**勘查文件（二级类目，分类代码：1）**	√	√					
2.2	**测量资料文件（二级类目，分类代字：2）**	√	√					
3	**设计文件（一级类目，分类代号：3）**							
3.1	**设计审查批复文件（二级类目，分类代码：1）**	√		√				√
3.2	**设计文件（二级类目，分类代码：2）**							
（1）	设计报告、图册及批复意见	√		√				√
（2）	变更设计报告、图册及批复意见	√		√				√
4	**建设施工质量监督与管理文件（一级类目，分类代码：4）**							
4.1	**施工期监理管理文件（二级类目，分类代码：1）**							
（1）	监理规划及实施细则	√				√		√
（2）	施工组织设计审核鉴定及施工组织设计	√				√		√
（3）	监理通知（进度、质量、造价）及回复	√				√		
（4）	监理工作日志					√		
（5）	设计图纸交底会议纪要、监理协调会议纪要	√				√		
（6）	单位工程开工许可证	√				√		
（7）	工程指令（开工、停工、复工、返工）	√				√		
（8）	工程变更通知单	√				√		

表 A.1 专业监测文件归档(含信息化录入)范围和保管部门对照表(续)

序号	应归档文件材料	文件归档范围						
		建设单位	勘查单位	设计单位	施工单位	监理单位	监测单位	县级主管部门
(9)	监理工程师现场检查记录及现场指示	√				√		
(10)	单位工程移交通知书、工程竣工移交证书	√				√		
(11)	单位工程缺陷责任期终止证书	√				√		
4.2	**参建各单位机构及负责人资格文件**(二级类目,分类代码:2)							
(1)	工程项目管理机构及负责人名单	√				√		
(2)	工程项目监理机构及负责人名单	√				√		
(3)	参建各方情况汇总表及资质等级证书复印件	√				√		
(4)	施工单位营业执照副本复印件	√				√		
4.3	**统计报表文件**(二级类目,分类代码:3)							
(1)	工程进度、工程质量、监理指令等报表	√				√		
(2)	监理档案移交目录	√				√		
(3)	监理档案审核备考表	√				√		
4.4	**合同与其他事项**(二级类目,分类代码:4)	√				√		
5	**工程施工文件**(一级类目,分类代码:5)							
5.1	**施工管理文件**(二级类目,分类代码:1)							
(1)	工程设计图文件签审单	√			√			
(2)	施工组织设计审批表	√			√			
(3)	单位工程开工申请书	√			√			
(4)	工程施工日志	√			√			
(5)	施工安全措施	√			√			
(6)	工程变更申请报告	√			√			
(7)	合同工程项目延长工期申报表	√			√			
(8)	工程测量成果报审单	√			√			
(9)	进场设备和材料检验报审表、检验报告、出厂证明	√			√			
(10)	工程事故报告单及处理报告	√			√			
(11)	施工现场会签单	√			√			
(12)	工程测量交桩签证单	√			√			
(13)	监理通知书回复	√			√			
5.2	**工程质量评定与验收文件**(二级类目,分类代码:2)							
(1)	工程验收记录表、质量综合评定表、质量检验评定表等	√			√			

表 A.1 专业监测文件归档(含信息化录入)范围和保管部门对照表(续)

序号	应归档文件材料	建设单位	勘查单位	设计单位	施工单位	监理单位	监测单位	县级主管部门
5.3	**施工记录文件(二级类目,分类代码:3)**							
(1)	工程施工技术交底记录表	√			√			
(2)	施工放线测量记录表	√			√			
(3)	工程测量记录、复核记录	√			√			
(4)	工程竣工测量记录	√			√			
(5)	大地变形(GPS)监测标墩点之记	√			√			
(6)	钻探相关资料(施工地质编录表、柱状图及岩土芯样照片等)	√			√			
(7)	监测设备安装施工记录表	√			√			
(8)	监测设备调试记录表	√			√			
5.4	**工程计量文件(二级类目,分类代码:4)**	√			√			
5.5	**施工台账文件(二级类目,分类代码:5)**							
(1)	工程款支付、质量检查验收、施工物资、进度等台账	√			√			
6	**项目竣工验收文件(一级类目,分类代码:6)**							
6.1	**竣工验收报告(二级类目,分类代码:1)**							
(1)	监测项目施工管理报告	√			√			
(2)	监测项目竣工报告	√			√			
(3)	监测项目设计总结报告	√			√			
(4)	监测项目勘查总结报告	√			√			
(5)	监测项目竣工验收鉴定书	√			√			
(6)	监测项目竣工现场验收检查表	√			√			
(7)	监测项目竣工验收报告	√			√			
(8)	档案验收报告	√			√			√
6.2	**财务相关文件(二级类目,分类代码:2)**							
(1)	工程决算及审查意见	√						√
(2)	竣工财务决算及审查结论	√						√
7	**运行期监测文件(一级类目,分类代码:7)**							
7.1	**监测文件(二级类目,分类代码:1)**							
(1)	监测项目建网报告及监测网平面布置图	√					√	
(2)	监测项目运行监测报告(月报、季报、半年报、年报、专报)	√					√	
(3)	长期监(观)测总结报告	√					√	
(4)	监测项目运行监测原始记录数据(含首测值)	√					√	

表 A.1 专业监测文件归档(含信息化录入)范围和保管部门对照表(续)

序号	应归档文件材料	文件归档范围							
		建设单位	勘查单位	设计单位	施工单位	监理单位	监测单位	县级主管部门
7.2	**监测预警文件(二级类目,分类代码:2)**							
(1)	应急监测资料(应急调查及应急预警预案、应急监测方案等)	√					√	
(2)	应急会商资料(技术会商报告、行政会商纪要等)	√					√	
(3)	预报预警资料(预警产品、预警专题报告及图件、信息发布审批表、通知单等)	√					√	
8	**声像、电子档案及其他(一级类目,分类代码:8)**							
8.1	**声像档案(二级类目,分类代码:1)**							
(1)	照片、录音、录像材料	√					√	
8.2	**电子档案(二级类目,分类代码:2)**							
(1)	源电子档案、存档电子档案、信息化电子档案	√					√	
8.3	**档案卷宗目录(二级类目,分类代码:3)**							
(1)	案卷总明细册(含电子)	√					√	√
(2)	监测项目档案成果统计表(含电子)	√					√	√
(3)	档案移交申请(含电子)	√					√	√
(4)	项目档案移交书(含电子)	√					√	√
(5)	成果档案移交回执单(含电子)	√					√	√
8.4	**档案检查验收成果汇编(二级类目,分类代码:4)**							
(1)	检查验收汇编册	√					√	√

附 录 B
（资料性附录）

群测群防文件归档（含信息化录入）范围和保管部门对照表

表 B.1 群测群防文件归档（含信息化录入）范围和保管部门对照表

序号	应归档文件材料	文件归档范围					
		建设单位	勘(调)查单位	设计单位	施工单位	监测单位	县级主管部门
1	**项目建设期工程管理文件（一级类目,分类代码:1）**						
1.1	**规划及批复文件（二级类目,分类代码:1）**	√					√
1.2	**审查与批复文件（二级类目,分类代码:2）**						
(1)	立项批复文件	√					√
(2)	勘(调)查批复文件	√					√
(3)	设计批复文件	√					√
1.3	**移交文件（二级类目,分类代码:3）**						
(1)	项目移交单	√					√
(2)	项目移交会议纪要	√					√
1.4	**参建各单位机构及负责人资格文件（二级类目,分类代码:4）**						
(1)	工程项目管理机构及负责人名单	√					
(2)	参建各方情况汇总表及资质等级证书复印件	√					
(3)	施工单位营业执照副本复印件	√					
1.5	**其他文件（二级类目,分类代码:5）**	√					
2	**地质调查文件（一级类目,分类代码:2）**						
2.1	**调查文件（二级类目,分类代码:1）**	√	√				
2.2	**测量文件（二级类目,分类代码:2）**	√	√				
3	**设计文件（一级类目,分类代码:3）**						
3.1	**设计及审查批复文件（二级类目,分类代码:1）**	√			√		
3.2	**设计文件（二级类目,分类代码:2）**						
(1)	群测群防设计报告及审查、批复意见	√			√		
(2)	设计变更通知及相关文件	√			√		
4	**施工文件（一级类目,分类代码:4）**						
4.1	**管理文件（二级类目,分类代码:1）**						
(1)	工程设计报告及图件文件签审单	√			√		
(2)	施工招投标及中标通知、合同	√			√		
(3)	监测设备采购招投标及合同	√			√		

表 B.1 群测群防文件归档(含信息化录入)范围和保管部门对照表(续)

序号	应归档文件材料	建设单位	勘(调)查单位	设计单位	施工单位	监测单位	县级主管部门
4.2	**技术文件(二级类目,分类代码:2)**						
(1)	群测群防监测点布置表	√				√	
(2)	群测群防点防灾预案	√				√	
(3)	群测群防防灾工作明白卡	√				√	
(4)	群测群防防灾避险明白卡	√				√	
(5)	监测记录(裂缝、雨量、水文、宏观等)	√				√	
(6)	群测群防监测机构、人员信息、设备等台账	√				√	
(7)	监测站网络设备建网报告、报告附图	√				√	
(8)	监测站能力建设及运行维护资料	√				√	
5	**竣工验收文件(一级类目,分类代码:5)**						
5.1	**竣工验收报告(二级类目,分类代码:1)**						
(1)	竣工验收申请书	√			√		
(2)	竣工现场验收检查表	√			√		
(3)	监测站能力建设验收表	√			√		
(4)	施工竣工报告	√			√		
(5)	竣工验收报告	√			√		
(6)	竣工验收鉴定书	√			√		√
(7)	档案验收报告	√			√		√
5.2	**财务相关文件(二级类目,分类代码:2)**						
(1)	工程决算及审查意见	√			√		√
(2)	竣工财务决算及审查结论	√			√		√
6	**运行期群测群防文件(一级类目,分类代码:6)**						
6.1	**群测群防文件(二级类目,分类代码:1)**						
(1)	监测项目建网报告及监测网平面布置图	√				√	
(2)	监测项目运行监测报告(月报、季报、半年报、年报、专报)	√				√	
(3)	长期监(观)测总结报告	√				√	
(4)	监测项目运行监测原始记录	√				√	
(5)	群测群防培训学习材料	√				√	
(6)	群测群防工作总结报告	√				√	
6.2	**监测预警文件(二级类目,分类代码:2)**						
(1)	预警信号发布记录	√				√	

表 B.1 群测群防文件归档(含信息化录入)范围和保管部门对照表(续)

序号	应归档文件材料	文件归档范围					
		建设单位	勘(调)查单位	设计单位	施工单位	监测单位	县级主管部门
7	**声像、电子档案及其他(一级类目,分类代码:7)**						
7.1	**声像档案(二级类目,分类代码:1)**						
(1)	照片、录音、录像材料	√				√	
7.2	**电子档案(二级类目,分类代码:2)**						
(1)	源电子档案、存档电子档案、信息化电子档案	√				√	
7.3	**档案卷宗目录(二级类目,分类代码:3)**						
(1)	案卷总明细册(含电子)	√				√	√
(2)	监测项目档案成果统计表(含电子)	√				√	√
(3)	档案移交申请(含电子)	√				√	√
(4)	项目档案移交书(含电子)	√				√	√
(5)	成果档案移交回执单(含电子)	√				√	√
7.4	**档案检查验收成果汇编(二级类目,分类代码:4)**						
(1)	检查验收汇编册	√				√	√

附 录 C
（资料性附录）
监测项目竣工图章式样

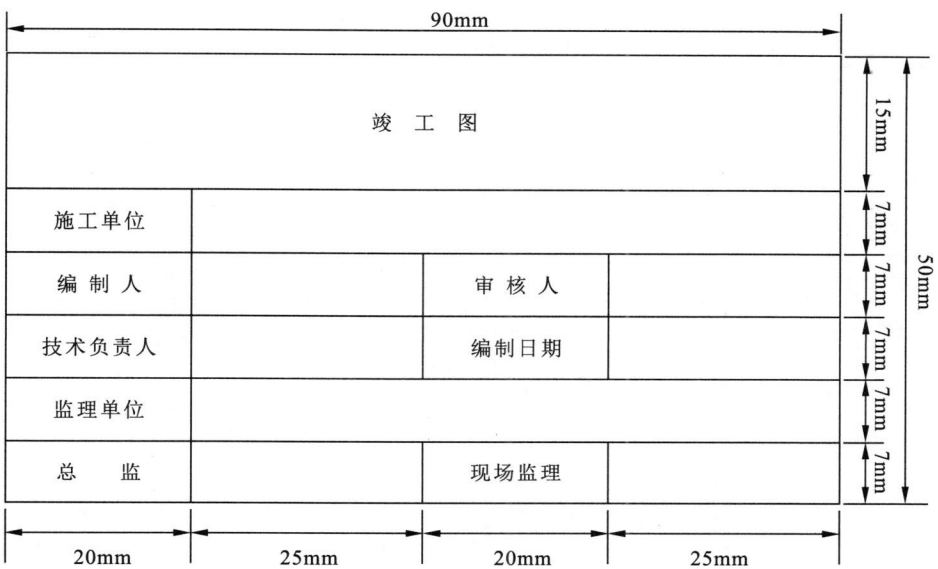

附 录 D
（资料性附录）
监测项目电子文件登记表式样

表 D.1 监测项目成果资料电子文件登记表

项目名称								
通信地址								
电子档号			存储容量/Mb			载体类型	☐CD光盘　☐DVD光盘	
载体编号							☐硬盘　☐优盘　☐其他	
电子文档说明								
软硬件环境特征	硬件环境			操作系统				
	开发工具及版本	文本		图形		数据库或软件	多媒体	
存储方式	☐ 多件一盘			☐ 一件一盘			☐ 一件多盘	
源电子文件的格式及版本		文本		图形		数据库或软件	多媒体	
源电子文件分类		报告正文类	审查批复类	附图	附表	附件	数据库和软件	多媒体	其他
源电子文件个数								
存档电子文件分类		报告正文类	审查批复类	附图	附表	附件	数据库和软件	多媒体	其他
存档电子文件个数								
编制单位	形成单位						电话	
	通信地址						邮编	
	形成日期			项目负责人			E-mail	
文件交接	提交单位							
	通信地址						邮编	
	联系人			电话			E-mail	
	送交人签名			电话			E-mail	
	接收单位				接收人签名			
	接收日期	年　月　日			接收人电话			
备注								

T/CAGHP 047—2018

表 D.1 监测项目成果资料电子文件登记表(续)

文件序号	文件类别	文件夹名称	存档文件夹内主要文件题名	文件字节数/Mb	密级	文件对应纸介质档案分卷号

表 D.2 监测项目信息化成果资料电子文件登记表

<table>
<tr><td rowspan="5">文件特征</td><td>形成单位</td><td colspan="4"></td></tr>
<tr><td>通信地址</td><td colspan="4"></td></tr>
<tr><td>载体类型</td><td colspan="2">□CD □DVD □</td><td>电子档号</td><td></td></tr>
<tr><td>形成日期</td><td colspan="4">年 月 日</td></tr>
<tr><td>形成单位负责人</td><td colspan="2"></td><td>联系人</td><td></td></tr>
<tr><td rowspan="3">设备环境特征</td><td>硬件环境（CPU、内存、硬盘等）</td><td colspan="4"></td></tr>
<tr><td rowspan="2">软件环境（名称、版本等）</td><td>操作系统</td><td colspan="3">□Windows 版；□NT 版；□ 版；</td></tr>
<tr><td>应用软件平台</td><td colspan="3">文件：□Word 版；□Excel 版；
图件：□MapGIS 版；□Arc Info 版；
　　　□基于 AutoCAD 版；□MapInfo 版；
其他：□＊＊＊地质灾害勘查信息系统
　　　□＊＊＊地质灾害监测信息系统
　　　□</td></tr>
<tr><td rowspan="3">文件记录特征</td><td>本载体所包含的文件格式、版本</td><td colspan="4">正文： 版
图件： 版
其他： 版</td></tr>
<tr><td>载体数量</td><td colspan="2">源盘： 份 张</td><td>备份： 份 张</td><td></td></tr>
<tr><td>光盘案卷题名</td><td colspan="4">＿＿＿＿＿＿＿＿＿＿监测信息化成果资料
（项目编号：＿＿＿＿＿＿）</td></tr>
<tr><td>责任人</td><td>填表人和检查人（签名）</td><td colspan="2"></td><td>负责人（签名）</td><td></td></tr>
<tr><td rowspan="7">文件交接</td><td>提交单位（签章）</td><td colspan="4"></td></tr>
<tr><td>通信地址</td><td colspan="4"></td></tr>
<tr><td>提交光盘份数</td><td colspan="2"></td><td>张数</td><td></td></tr>
<tr><td>联系人</td><td></td><td>电话</td><td>E-mail</td><td></td></tr>
<tr><td>送交人（签名）</td><td colspan="4">　　　　　　　　　　　　　　　　　　　　　　年 月 日</td></tr>
<tr><td>接收单位（签章）</td><td colspan="4"></td></tr>
<tr><td>通信地址</td><td colspan="4"></td></tr>
<tr><td></td><td>联系人</td><td></td><td>电话</td><td>E-mail</td><td></td></tr>
<tr><td></td><td>接收人（签名）</td><td colspan="4">　　　　　　　　　　　　　　　　　　　　　　年 月 日</td></tr>
</table>

附 录 E
（资料性附录）
监测项目电子文件载体外标签表式样

E.1 电子（源电子、存档电子）文件载体外标签表式样

密级				年限	
载体编号		形成时间	年 月	载体序号	
容量/Mb					
电子档号	存档电子文档题名			文件总数	文件夹数
形成单位标记			保管单位标记		
盖章			盖章		

120 mm × 120 mm

E.2 信息化成果文件载体外标签表式样

电子档号		形成日期	年　月　日
盘号	光　盘　案　卷　题　名		
_____监测项目成果资料 （项目编号：_____）			
密级		盘数	
形成单位 （公章） 年　月　日		保管单位 （公章） 年　月　日	

（120 mm × 120 mm）

注1：电子档号编制方法参见附录O。

注2：电子档号必须与"登记表"（附录D）中"电子档号"一致。

附 录 F
（资料性附录）
监测项目电子文件建夹存档组织示例

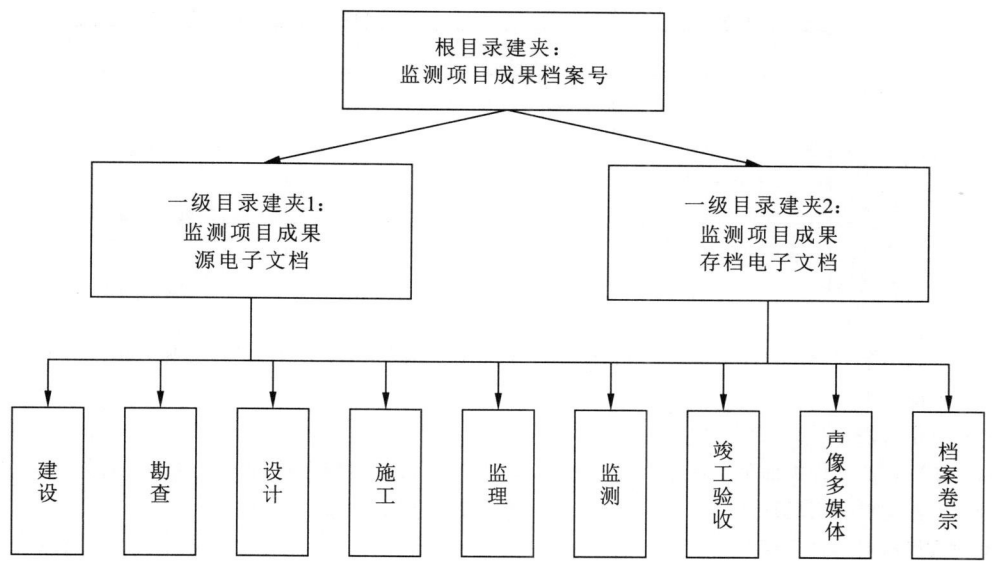

注：按附录 A、附录 B 中归档一级类目、二级类目中相关范围内容清晰建夹组卷。

附 录 G
（资料性附录）
监测项目归档文件档号章格式式样

	15 mm	20 mm	15 mm	20 mm
7 mm	档案号		件 号	
7 mm	类别号		顺序号	
7 mm	卷 号		总页数	

注1：档号章用于案卷内以"件"为单位组成的一组有机联系的文件材料。档号章尺寸见上图。可直接印制在单"件"材料封面右上角。

注2：档号章距文件材料封面右边距10mm，上边距8mm。

注3：独立成"件"的文件封面附上档号章，下一页为本"件"材料的"卷内文件目录"，目录之后装订详细文件材料，每"件"文件材料的页码均从"1"开始，至本"件"文件材料结束止页码。

注4：单件文件材料装订采用"三孔一线"方式装订。如果是单页独立成"件"的材料，可直接在材料右上角加盖蓝色档号章，编上页码，置入案卷中按类别顺序入卷盒存档。

注5：对于10页以上的单"件"文件材料需要装订，顺序如下：

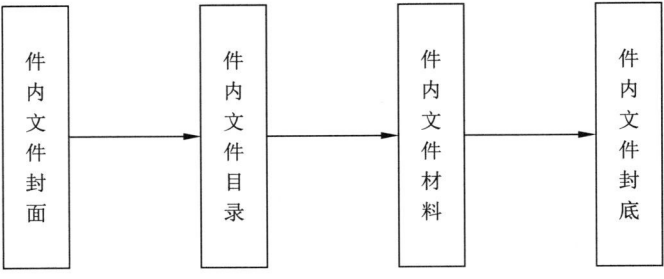

附 录 H
（资料性附录）
监测项目文件归档件内文件目录式样

件内文件目录

档案号：

序号	文件件号	责任者	文件题名	日期	页次	备注
1						
2						
3						
…						

注：本件文件共有　　页。

附 录 I
（资料性附录）
监测项目文件归档卷内目录式样

卷内目录

档案号： 共 卷 第 卷

序号	文件编号	责任者	文件题名	日期	页数	备注
1						
2						
3						
...						

备注：

附 录 J
（资料性附录）
监测项目文件归档案卷目录式样

案卷目录

档案号：　　　　　　　　　　　　　　　　　　　　　　　　　　　共　卷　第　卷

案卷序号	案卷档号	责任者	案卷题名	日期	页数	备注
1						
2						
3						
...						

备注：

附 录 K
（资料性附录）
监测项目文件归档卷内备考表式样

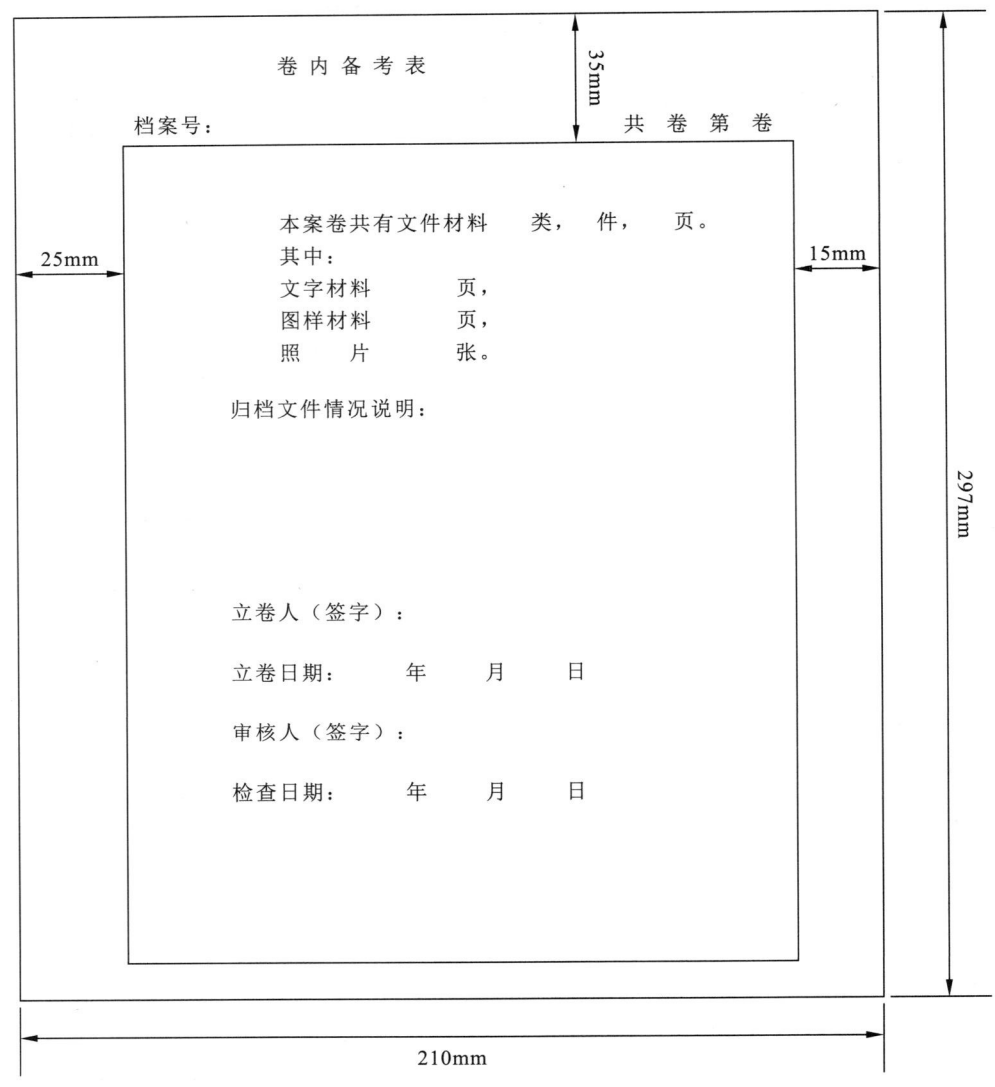

附 录 L
（资料性附录）
监测项目文件归档案卷盒、案卷内封面式样

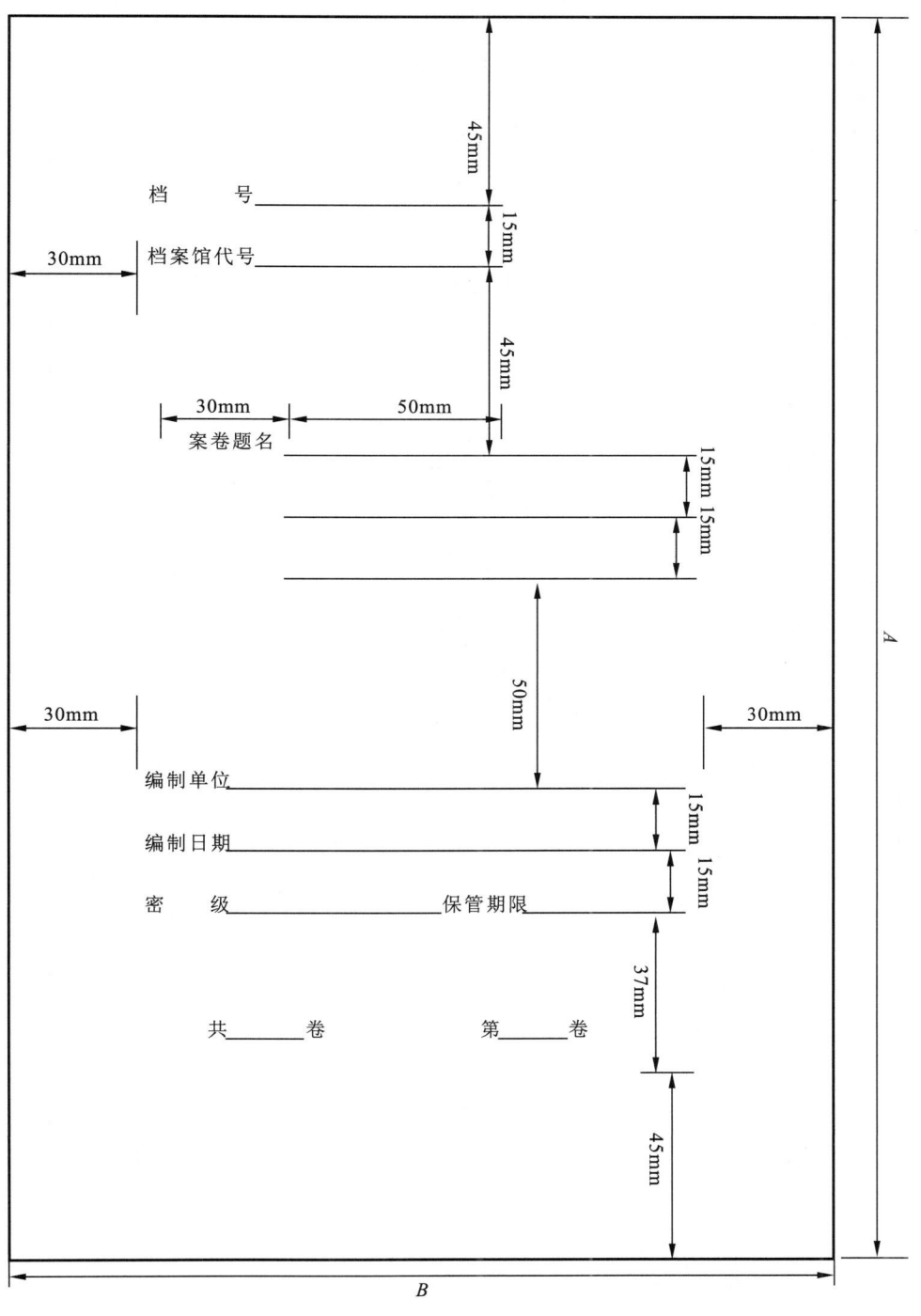

注1：卷盒、卷夹封面尺寸 $A×B=310\ mm×220\ mm$。
注2：案卷封面尺寸 $A×B=297\ mm×210\ mm$。

附 录 M
（资料性附录）
监测项目文件归档装订（三孔一线）式样

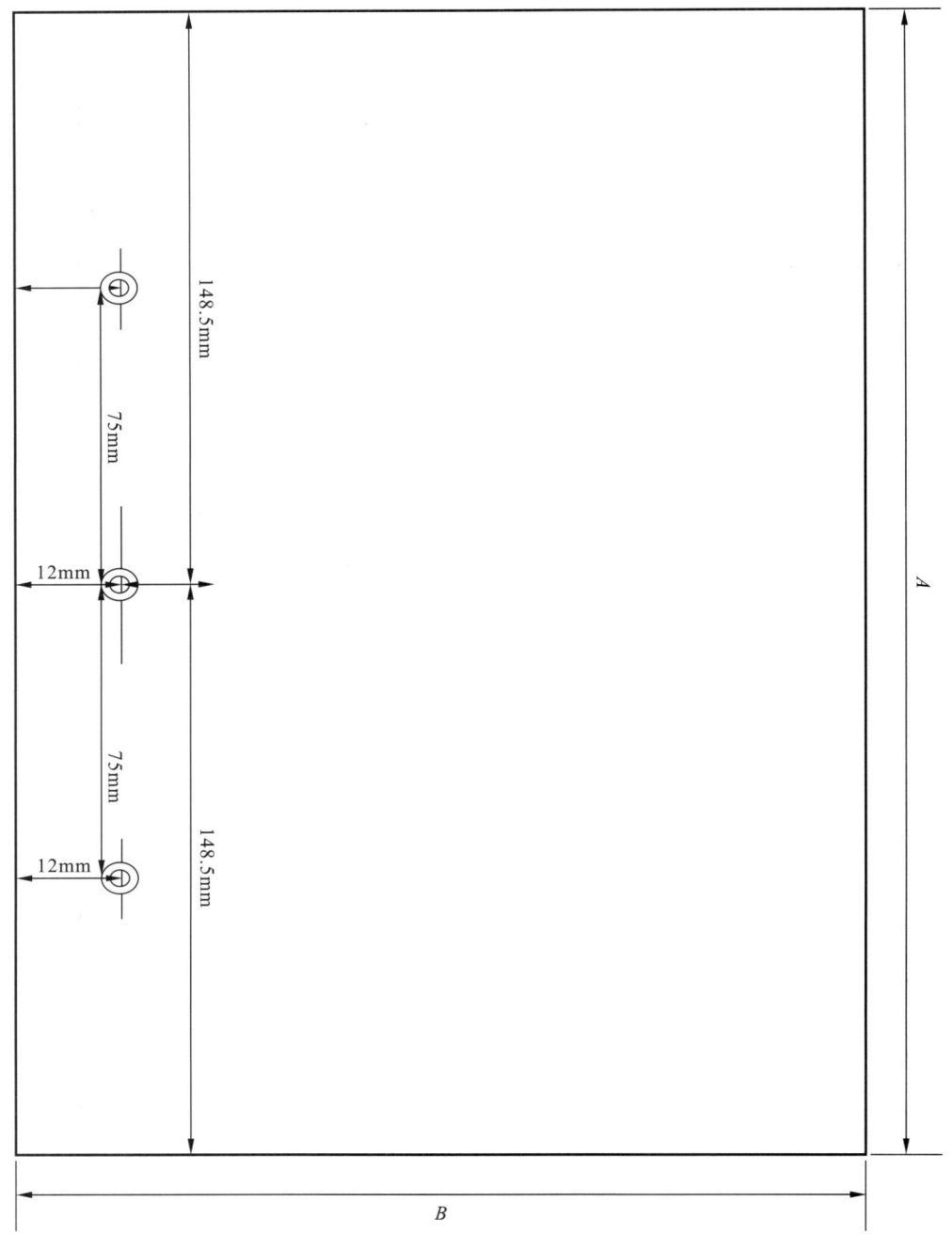

注：案卷装订材料的尺寸 $A \times B = 297 \text{ mm} \times 210 \text{ mm}$。

附 录 N
（资料性附录）
监测项目文件归档案卷盒脊背式样

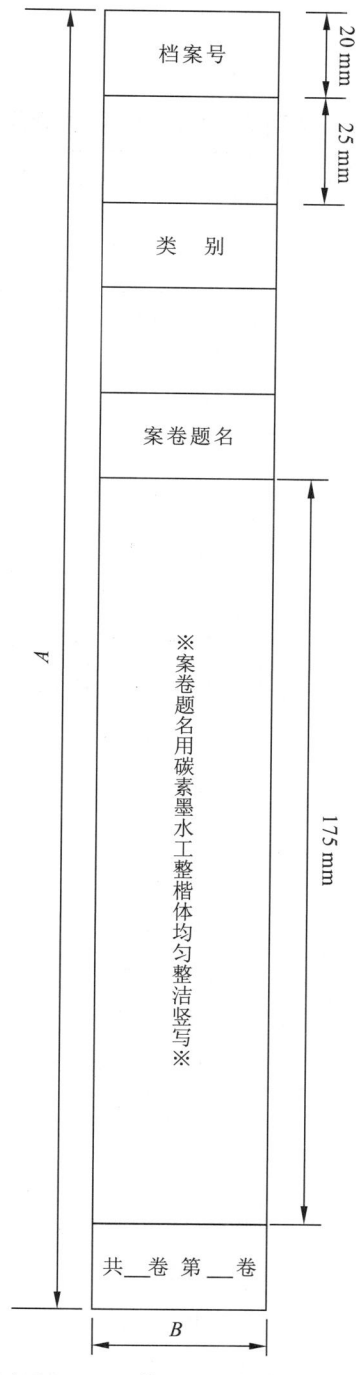

注1：上下端边线宽2 mm，第1、3、5行高为20 mm，第2、4、7行高为25 mm，第6行高为175 mm，宽40 mm。
注2：卷盒脊背尺寸 $A×B=310\ mm×40\ mm$。
注3：案卷题名宜采用碳素墨水工整楷体均匀整洁地竖写在档案卷盒脊背对应位置，不宜横写或粘贴其他纸张。

附 录 O
（资料性附录）
监测文件归档档案基础编码表及档案号编制式样

O.1 监测文件归档档案基础编码表

表 O.1 监测文件归档档案基础编码表

大类代码	分类名称及代码	一级类目名称	一级类目代码	二级类目名称	二级类目代码	基础编码
地质灾害防治（D）	专业监测（2）	项目管理文件	1	规划及批复文件	1	D211
				审查与批复文件	2	D212
				工程移交文件	3	D213
				其他文件	4	D214
		勘查文件	2	勘查文件	1	D221
				测量文件	2	D222
		设计文件	3	设计审查批复文件	1	D231
				设计报告及图册	2	D232
		监理文件	4	勘查设计阶段监理文件	1	D241
				施工阶段监理文件	2	D242
		施工文件	5	施工管理文件	1	D251
				施工质量检验报告、评定及验收文件	2	D252
				施工记录文件	3	D253
				施工计量文件	4	D254
				施工台账文件	5	D255
		竣工验收文件	6	竣工验收报告	1	D261
				财务相关文件	2	D262
		监测文件	7	运行期监测文件（监测报告及监测记录）	1	D271
				监测预警文件（应急监测报告、会商、预报预警发布）	2	D272
		声像、电子档案及其他	8	声像档案	1	D281
				电子档案	2	D282
				档案卷宗目录册	3	D283
				档案检查验收成果汇编册	4	D284

表 O.1 监测文件归档档案基础编码表（续）

大类代码	分类名称及代码	一级类目名称	一级类目代码	二级类目名称	二级类目代码	基础编码
地质灾害防治（D）	群测群防（3）	项目管理文件	1	规划及批复文件	1	D311
				审查与批复文件	2	D312
				移交文件	3	D313
				机构及资质文件	4	D314
		地质调查文件	2	调查文件	1	D321
				测量文件	2	D322
		设计文件	3	设计审查批复文件	1	D331
				设计报告及图册	2	D332
		施工文件	4	施工管理文件	1	D341
				施工技术文件	2	D342
		竣工验收文件	5	竣工验收报告	1	D251
				财务相关文件	2	D252
		监测文件	6	运行期监测文件（监测报告及监测记录）	1	D261
		声像、电子档案及其他	7	声像档案	1	D271
				电子档案	2	D272
				档案卷宗目录册	3	D273
				档案检查验收成果汇编册	4	D274

注1：本表中档案代码基础编码方法与《地质灾害防治数据分类代码编制规定》"档案代码"分类原则一致。档案三级类目内容详见附录A。

注2：大类代码字母D是"地质灾害防治"的"地"拼音首字母。

O.2 监测文件归档档案号编制式样

档案号：61 0602 D 3 0001 1 1 001

61：省（市）代码，代表陕西省。

0602：区（县）代码，代表延安市宝塔区。

D：档案管理中的大类代码。

3：档案的分类代码，即地质灾害防治措施分类，群测群防分类排数字序号3。

0001：某群测群防点的项目编号。

1：档案管理中文件一级类目代码，即工程类别中为项目管理。

1：档案管理中文件二级类目代码，即项目管理中的审查文件。

001：档案管理中案卷序号，即群测群防项目管理审查文件排列在第1卷。

档案意义：陕西省（61）延安市（06）宝塔区（02）地质灾害防治（D）群测群防（3）项目编号为（0001）文件级一级类目（1）文件级二级类目（1）案卷顺序号（001）。

档案号由建设单位汇总参建各方监测工程档案后，统一编制。档案号编法可参照此式样。

附 录 P
（资料性附录）

监测项目成果资料档案统计表

序号	类别	项目编号	项目名称	建设管理资料											监测			监理资料			施工资料			合计				
				建设单位			勘查单位			设计单位						监理单位			施工单位			纸质			照片		光盘（盘）
				卷数	件数	页数	卷数	件数	页数	卷数	件数	页数	卷数	件数	页数	卷数	件数	页数	卷数	件数	页数	总卷数	总件数	总页数	册	张	
1																											
2																											
3																											
4																											
5																											
6																											
…																											
合计																											

附 录 Q
（资料性附录）
监测项目成果资料档案汇交案卷明细册式样

档号：

序号	档号	案卷题名	立卷单位	起止时间	保管期限	件数	页数	提交资料单位
1								
2								
3								
4								
5								
6								
7								
…								

附 录 R
（资料性附录）
监测项目建设成果资料归档自验、检查验收鉴定表式样

R.1 建设成果资料归档自验表

地质灾害监测项目
建设成果资料归档自验表

工 程 名 称
（项目编号）_____

工 程 地 址_____

建 设 单 位_____

开 工 日 期_____

竣 工 日 期_____

资料自验日期_____

资料自验部门_____

_____年___月___日

一、自验监测项目建设基本情况

地理位置		项目编号		工程分期概算		备注	
监测项目建设成果资料自验档案卷数							
建设		勘查		设计		施工	
监理		监测					

参建单位及资质	单位	名称	资质	自验情况
	建设单位			
	勘查单位			
	设计单位			
	施工单位			
	监测单位			
	监理单位			

二、监测项目建设成果资料档案完整性自验结果

序号	名称	自验结果
1	建设单位档案资料	
2	勘查单位档案资料	
3	设计单位档案资料	
4	施工单位档案资料	
5	监测单位档案资料	
6	监理单位档案资料	
7	竣工验收档案资料	

T/CAGHP 047—2018

三、监测项目建设成果资料档案自验意见

监测项目建设情况简介：
对监测项目建设成果资料归档质量评价：
对监测项目建设成果资料归档立卷正确性评价：
对监测项目建设成果资料归档保护管理评价：
对监测项目建设成果资料归档自验的综合意见：
要求进行整改的意见：
自验小组（组长及成员）签字：

R.2 建设成果资料归档检查验收鉴定表

地质灾害监测项目
建设成果资料归档检查验收鉴定表

工 程 名 称
（项目编号）_____

工 程 地 址 _____

建 设 单 位 _____

开 工 日 期 _____

竣 工 日 期 _____

资料检验日期 _____

资料检查验收
组 织 部 门 _____

_____年____月____日

一、检查验收监测项目建设基本情况

地理位置			项目编号		工程分期概算		备注	
专业监测项目建设成果资料检查验收档案卷数								
建设		勘查		设计		施工	监理	监测
参建单位及资质	单位	名称					资质	检查情况
	建设单位							
	勘查单位							
	设计单位							
	施工单位							
	监测单位							
	监理单位							

二、监测项目建设成果资料档案完整性检查验收结果

序号	名称	检查结果
1	建设单位档案资料	
2	勘查单位档案资料	
3	设计单位档案资料	
4	施工单位档案资料	
5	监测单位档案资料	
6	监理单位档案资料	
7	竣工验收档案资料	

三、监测项目建设成果资料档案检查验收意见

监测项目建设情况简介：
对监测项目建设成果资料归档质量评价：
对监测项目建设成果资料归档立卷正确性评价：
对监测项目建设成果资料归档保护管理评价：
对监测项目建设成果资料归档检查验收的综合意见：
要求进行整改的意见：
检查小组（组长及成员）签字：

T/CAGHP 047—2018

R.3 信息化成果资料检查验收自验表

地质灾害监测项目
信息化成果资料归档检查验收自验表

工 程 名 称＿＿＿＿＿＿＿＿＿＿＿＿＿＿＿＿＿＿＿＿＿

项 目 编 号＿＿＿＿＿＿＿＿＿＿＿＿＿＿＿＿＿＿＿＿＿

项 目 地 址＿＿＿＿＿＿＿＿＿＿＿＿＿＿＿＿＿＿＿＿＿

建 设 单 位＿＿＿＿＿＿＿＿＿＿＿＿＿＿＿＿＿＿＿＿＿

开 工 日 期＿＿＿＿＿＿＿＿＿＿＿＿＿＿＿＿＿＿＿＿＿

竣 工 日 期＿＿＿＿＿＿＿＿＿＿＿＿＿＿＿＿＿＿＿＿＿

资料自验日期＿＿＿＿＿＿＿＿＿＿＿＿＿＿＿＿＿＿＿＿＿

资料自验部门＿＿＿＿＿＿＿＿＿＿＿＿＿＿＿＿＿＿＿＿＿

＿＿＿＿年＿＿＿月＿＿＿日

T/CAGHP 047—2018

一、自验监测项目建设基本情况

工程名称				工程编号		
地理位置				工程概算		
参建单位及资质	单位		名称		资质	自验情况
	建设单位					
	勘查单位					
	设计单位					
	施工单位					
	监测单位					
	监理单位					

二、监测项目信息化成果资料自验内容

序号	内容	自验结果
1	工程划分正确性	
2	数据信息化完整性 （各类纸质资料全部采集入库）	
3	数据信息化一致性 （数据表中所有数据项与纸质资料一致）	
4	监测点命名正确性	
5	监测数据的完整性	
6	专项调查数据的完整性	

T/CAGHP 047—2018

三、监测项目信息化成果资料自验意见

信息化成果情况简介：
完整性自验结果：
一致性自验结果：
监测数据完整性自验结果：
调查数据自验结果：
自验的综合评定结论：
要求进行整改的意见：
备注：
自验小组（组长及成员）签字：

R.4 信息化成果资料检查验收鉴定表

地质灾害监测项目
信息化成果资料归档检查验收鉴定表

工 程 名 称 _____

项 目 编 号 _____

项 目 地 址 _____

建 设 单 位 _____

开 工 日 期 _____

竣 工 日 期 _____

资料检验日期 _____

资料检查验收
组 织 部 门 _____

_____年___月___日

一、检查验收监测项目建设基本情况

工程名称			工程编号		
地理位置			工程概算		
参建单位及资质	单位	名称		资质	检查情况
	建设单位				
	勘查单位				
	设计单位				
	施工单位				
	监测单位				
	监理单位				

二、监测项目信息化成果资料检查验收内容

序号	内容	检查结果
1	工程划分正确性	
2	数据信息化完整性 （各类纸质资料全部采集入库）	
3	数据信息化一致性 （数据表中所有数据项与纸质资料一致）	
4	监测点命名正确性	
5	监测数据的完整性	
6	专项调查数据的完整性	

三、监测项目信息化成果资料检查验收意见

信息化成果情况简介：	
完整性检查验收结果：	
一致性检查验收结果：	
监测数据完整性检查验收结果：	
调查数据检查验收结果：	
检查验收的综合评定结论：	
要求进行整改的意见：	
备注：	
检查小组（组长及成员）签字：	

附 录 S
（资料性附录）
监测项目成果资料归档汇交申请式样

地质灾害监测项目
成果资料归档汇交申请

（接收单位全称）：

  我单位的 __（成果资料名称）__ 地质灾害监测项目成果资料（含信息化），通过检查验收。现申请将资料汇交到 __（接收单位名称）__ ，请查收。

附：1. 监测项目成果资料档案案卷目录册（一式三份）

  2. 监测项目成果资料档案汇交案卷明细册（一式三份）

  3. 监测项目信息化成果资料电子文件登记表（一式三份）

申请单位（章）：

经办人（签字）：

年　月　日

附 录 T
（资料性附录）
监测项目成果资料归档汇交回执单式样

地质灾害监测项目档案汇交回执单

（资料汇交单位）：

　　你(单位)汇交的　__(成果资料名称、档案号)__　地质灾害监测项目归档成果资料，于_____年____月____日汇交到__(接收单位名称)__。经查验，成果资料符合归档汇交有关要求，现予以接收。

接收单位(章)：

经办人(签字)：

年　　月　　日

附 录 U
（资料性附录）
监测项目文件归档档案移交书式样

地质灾害监测项目档案移交书

（档号：　　　）

　　　（建设单位名称）　　按有关规定向　　　（主管单位名称）　　办理　　　（项目名称）　　监测项目档案移交手续。共计　　　个监测项目档案共　　　卷，共　　　件，电子光盘　　　卷　　　件。

附：1. 监测项目档案案卷目录册（一式三份）

　　2. 监测项目档案汇交案卷明细册（一式三份）

　　3. 监测项目信息化成果资料电子文件登记表（一式三份）

移交单位(公章)：	接受单位(公章)：
单位负责人：	单位负责人：
技术负责人：	技术负责人：
移　交　人：	接　受　人：
移交时间：　年　月　日	
接受时间：　年　月　日	